José Roberto Torero

MUITO PRAZER, SOU O BETINHO

A vida do sociólogo Herbert de Souza

Ilustrações de Catarina Bessel

1ª edição, 2021

MODERNA

TEXTO © JOSÉ ROBERTO TORERO, 2021
ILUSTRAÇÕES © CATARINA BESSEL, 2021

DIREÇÃO EDITORIAL: Maristela Petrili de Almeida Leite
COORDENAÇÃO DE EDIÇÃO DE TEXTO: Marília Mendes
EDIÇÃO DE TEXTO: Lisabeth Bansi, Patrícia Capano Sanchez,
Ana Caroline Eden, Thiago Teixeira Lopes, Giovanna Di Stasi
COORDENAÇÃO DE EDIÇÃO DE ARTE: Camila Fiorenza
ILUSTRAÇÕES DE CAPA E MIOLO: Catarina Bessel
PROJETO GRÁFICO E DIAGRAMAÇÃO: Michele Figueredo
COORDENAÇÃO DE ICONOGRAFIA: Luciano Baneza Gabarron
PESQUISA ICONOGRÁFICA: Cristina Mota, Célia Rosa
COORDENAÇÃO DE REVISÃO: Elaine C. del Nero
REVISÃO: Palavra Certa
COORDENAÇÃO DE *BUREAU*: Rubens M. Rodrigues
PRÉ-IMPRESSÃO: Everton L. de Oliveira, Vitória Sousa
COORDENAÇÃO DE PRODUÇÃO INDUSTRIAL: Wendell Jim C. Monteiro
IMPRESSÃO E ACABAMENTO: PlenaPrint
LOTE: 745704 - 745705

Créditos das imagens: Foto Aldo Arantes (p.25): Wikipedia/Arte: Catarina Bessel. Foto Dodora (p.25): DocPlayer (Comissão da verdade)/
Arte: Catarina Bessel. Foto Pinochet (p. 29): Imagem de arquivo (El País)/Arte: Catarina Bessel. Foto Mao Tsé-Tung (p.33): Wikipedia/Arte:
Catarina Bessel. Foto Elis Regina (p.47): Reprodução/Arte: Catarina Bessell. Foto Henfil (p.53): Wikipedia/Arte: Catarina Bessel. Foto Chico
Mário (p.53): Reprodução/Arte: Catarina Bessel. Restante das imagens em preto e branco recortadas: Acervo ONG Ação da Cidadania.

Dados Internacionais de Catalogação na Publicação (CIP)
(Câmara Brasileira do Livro, SP, Brasil)

Torero, José Roberto
    Muito prazer, sou o Betinho : a vida do sociólogo
Herbert de Souza / José Roberto Torero ; ilustrações
de Catarina Bessel. — 1. ed. — São Paulo, SP : Moderna, 2021.

    ISBN 978-85-16-13334-4

    1. Biografia - Literatura infantojuvenil
2. Sociólogos - Biografia - Brasil 3. Souza, Herbert
José de, 1935-1997 I. Bessel, Catarina. II. Título.

21-77821   CDD-301.092

Índice para catálogo sistemático:

1. Sociólogos : Biografia 301.092

Eliete Marques da Silva - Bibliotecária - CRB-8/9380

REPRODUÇÃO PROIBIDA. ART. 184 DO CÓDIGO PENAL E LEI Nº 9.610, DE 19 DE FEVEREIRO DE 1998.

Todos os direitos reservados
EDITORA MODERNA LTDA.
Rua Padre Adelino, 758 – Quarta Parada
São Paulo – SP – Brasil – CEP 03303-904
Vendas e atendimento: Tel. (11) 2790-1300
www.modernaliteratura.com.br
2021
Impresso no Brasil

O sociólogo Herbert de Souza, o Betinho, tem sido lembrado (e invocado) incessantemente neste momento de tragédia humanitária que assola o Brasil. Passados mais de vinte anos da sua morte, suas campanhas, legados e ideais estão mais presentes do que nunca.

Um dos comentários que mais ouço quando descobrem que sou seu filho (ou mesmo sem saberem) é: "Que falta que o Betinho faz!". Costumo responder: "Sim, ele e o Henfil...".

Foi pensando em formas de trazê-lo para o presente que lançamos, em 2007, o livro *Betinho, sertanejo, mineiro, brasileiro*, pela editora Planeta. Em 2015 produzimos o documentário *Betinho, A esperança equilibrista* e, em 2023, será lançada uma série biográfica de ficção para a televisão em comemoração aos trinta anos da Ação da Cidadania.

Mas tão importante quanto resgatar o Betinho do passado é apresentá-lo à nova geração, que não testemunhou a defesa da cidadania como um valor universal inegociável e que desconhece a vida sem internet. Essa geração não sabe que o enfrentamento à fome, à aids, à ditadura e que as lutas pelas Diretas Já e pelos direitos humanos mobilizaram milhões de pessoas em todo o país sem a ajuda das redes sociais. Só existia telefone fixo e fax (pesquisem no Google), além de uma solidariedade imensa que está de volta justamente quando mais precisamos dela.

Este livro, portanto, é principalmente para os que nasceram neste milênio, com acesso infinito às informações do mundo e bombardeados diariamente por verdades e mentiras.

Como navegar neste mar de encruzilhadas sem se perder?

Talvez o Betinho possa ajudar.

Daniel Souza
Presidente do Conselho da Ação da Cidadania

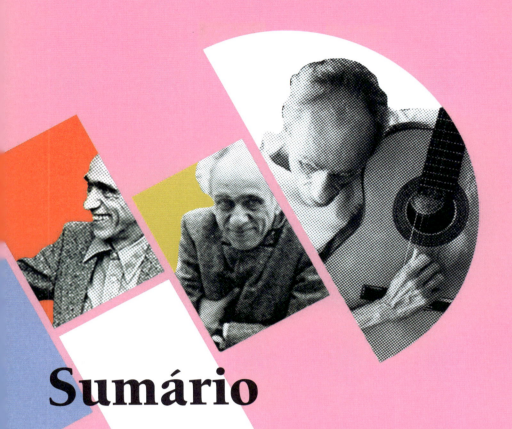

Sumário

Brincando de PEGA-PEGA (com a morte), 7

Brincando de ESCONDE-ESCONDE (com a ditadura), 17

Brincando de VIVO OU MORTO (e quase morrendo), 31

Brincando de PIQUE-AJUDA (com muita ajuda), 41

Brincando de RODA (com todo mundo dando a mão), 51

Brincando de POLÍCIA e BICHEIRO, 59

Fim do recreio, 63

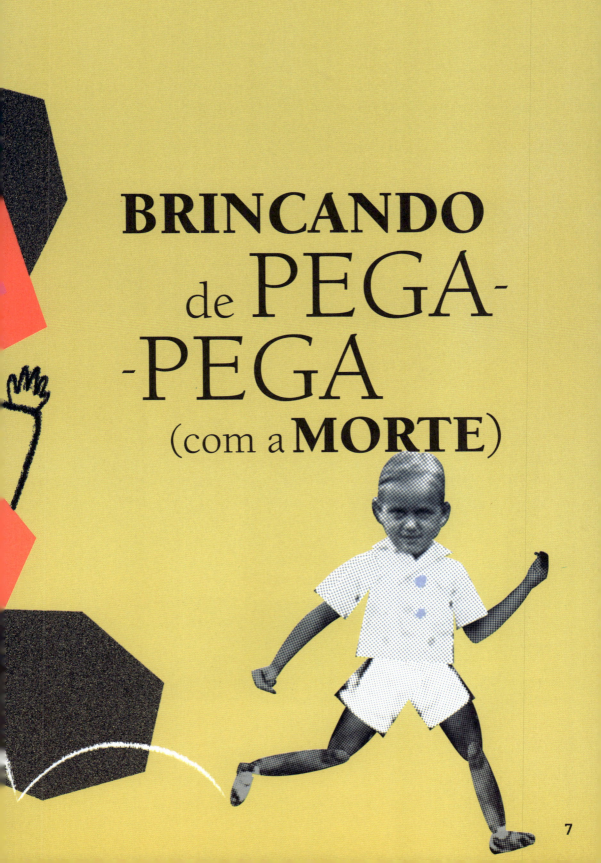

BRINCANDO de PEGA-PEGA (com a MORTE)

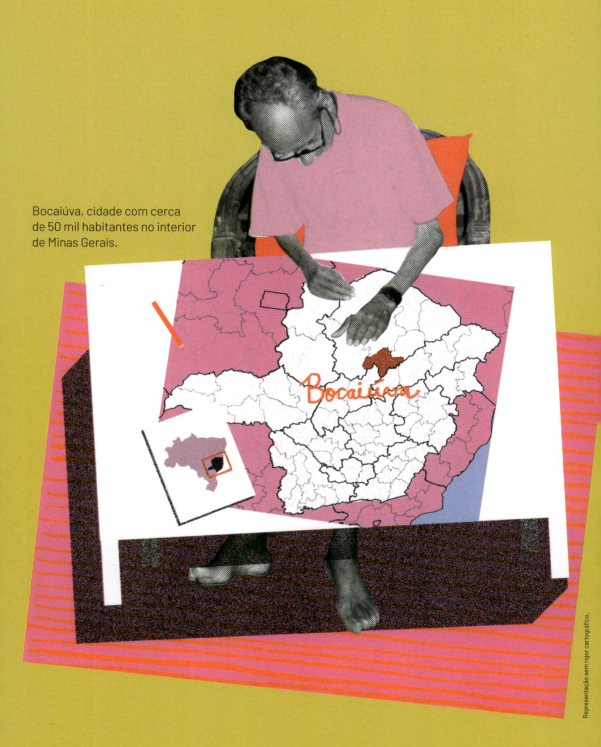

Bocaiúva, cidade com cerca de 50 mil habitantes no interior de Minas Gerais.

Representação sem rigor cartográfico.

8

Qual é o sentido da vida? Será que é uma brincadeira de pega-pega com a morte, até que ela finalmente nos alcança? Pode ser, mas pode não ser, porque a vida não é brincadeira. Se bem que também é.

Opa! Este primeiro parágrafo ficou meio confuso.

É melhor eu começar pelo começo.

E o começo foi no meu parto, dia 3 de novembro de 1935. Quase morri por conta de um sangramento. Foi meu primeiro drible na morte. Isso foi em Bocaiúva, Minas Gerais. Era uma cidade pequena, mas com gente muito interessante (olhando de perto, todo mundo é interessante).

O que mais me lembro de lá é da festa do Senhor do Bonfim. Eram meses de preparação. E uma semana de quermesse, foguetes, prendas, banda de música, pau-de-sebo, olhares de namoro dentro da igreja, venda de bois do lado de fora e uma sensacional encenação de luta entre mouros e cristãos. Mas o melhor é que as armaduras de lata dourada ficavam guardadas na casa da minha avó, dona Mariquinha.

Ela era pequena, mas mandava em todo mundo. Até no marido, que era enorme. Dona Mariquinha vinha da família Figueiredo. Era prima do general que seria ditador de 1972 a 1978. Não sei se era culpa dessa herança genética, mas, quando minhas irmãs subiam na sua goiabeira, ela batia nas meninas com vara de marmelo. Acho que, por conta de Dona Mariquinha, nunca gostei muito de gente mandona. Quando ela morreu, minha irmã Wanda comemorou cantando músicas de carnaval no quintal.

Bem, já que falei de Wanda, vou aproveitar e falar dos meus irmãos.

Nós éramos em oito. Isso mesmo, oito! Três meninos e cinco meninas. Pela ordem de nascimento: Maria Cândida, Zilá, Wanda, eu, Glória, Henrique (que depois virou Henfil), Filomena e Chico Mário.

Ainda tinha Maria Leal, nossa empregada. Na verdade, ela era bem mais que uma empregada. Era uma espécie de segunda mãe. A Leal gostava de plantas, bichos, pedrinhas e de algumas pessoas. Só acreditava no que via. Quando o homem pousou na Lua, não botou fé. "Fiquei olhando o tempo todo para a Lua e não vi ninguém chegar lá". Minha mãe achava que mandava nela e ela achava que mandava na minha mãe. Dava sempre empate.

Ah, vou aproveitar para falar da minha mãe e do meu pai.

Eles se chamavam Maria e Henrique. Se casaram no fim de 1923. E um ano e pouco depois já começaram a vir os filhos.

Meu pai era festeiro, um pé de valsa, e gostava de música. Ele foi juiz de paz, prefeito interventor (claro que minha avó Mariquinha é que conseguiu a indicação), dono de uma padaria (que faliu), dono de um armazém (que faliu) e dono do Cine Glória (que também faliu). Meu pai escolheu meu nome por causa de um ator alemão. Mas, quando foi me registrar no cartório, esqueceu, o primeiro erre. Fiquei sendo Herbert e Hebert, dependendo do documento.

Minha mãe era bem mineira. Ou seja, muito discreta e desconfiada. Ia à missa todo dia e era a líder da procissão. Aliás, nas procissões nós sempre estreávamos roupa nova. E todas eram feitas pela Dona Maria.

Ela sempre dizia que, se a gente não orasse, o diabo vinha buscar. Uma noite me esqueci de rezar e vi o diabo no meu quarto. Tinha chifres de bode e um rabo pontudo que enrolava nas mãos. Por muito tempo não me esqueci de fazer as preces.

Naquele tempo nós morávamos numa penitenciária. Não, eu não estava preso. É que meu pai era chefe do almoxarifado na penitenciária agrícola de Ribeirão das Neves.

Lá tinha pasto e o pai me levava para ver os animais. Como não sabia a diferença entre bois e vacas, eu chamava tudo de boi-vaca.

Morávamos numa casa bonitinha, igual à dos outros funcionários. De vez em quando eu conversava com os presos. E nenhum deles admitia ter cometido um crime. Era todo mundo inocente. Admitir a culpa é uma coisa complicada. Mas necessária (aprendi isso num triste fato que está lá no fim do livro).

Pensava que meu pai não podia arranjar trabalho num lugar mais estranho que uma penitenciária. Mas ele arranjou. Foi comandar a funerária municipal de Belo Horizonte. Com 10 anos, eu ficava lá, no meio dos caixões, ajudando o pessoal. Aprendi a fazer escultura em cera de vela de defunto, a moldar gesso, a aplicar verniz e a mexer na madeira usando enxó, plaina e serra circular.

Eu gostava do cheiro das madeiras: sucupira, ipê, jacarandá. Era melhor do que perfume francês. Só de olhar o pessoal trabalhando aprendi um bocado. Tem coisa que a gente aprende olhando e tem coisa que a gente só aprende fazendo.

Foi nessa época que dei um susto na família e quase virei freguês do meu pai. A história foi assim:

Antes de tomar banho, subi no bidê para fechar uma janela (é horrível tirar a roupa com aquele ventinho frio entrando!). Mas perdi o equilíbrio e pou!, caí com a boca na borda do bidê. O sangue não parava. Nenhum curativo dava jeito no negócio.

Tiveram que me levar para o hospital. Quem me atendeu foi o doutor Expedito, que improvisou um torniquete com fios de seda e um grampo de metal. Foi o único jeito de estancar a sangria. O nó do fio só foi sair do meu lábio três anos depois.

No dia daquele tombo é que descobriram que eu tinha a "doença do sangue". Esse era o nome que davam para a hemofilia. Hemofilia é um distúrbio na coagulação. Quando um hemofílico se corta, sangra muito mais. Às vezes só fazendo uma transfusão de sangue é que a gente consegue parar a coisa. E sempre há o risco de morrer.

Por conta disso tive que tomar muito mais cuidado com as brincadeiras. Não podia jogar futebol na rua, por exemplo. Mas emprestava a bola para o pessoal e escalava os times. Aliás, acabei ficando bom nisso. No futuro, sempre que fazia uma campanha, sabia escalar bem as minhas equipes.

Pensei que não podia ter uma doença pior. Mas tive. Com 15 anos fiquei com tuberculose. Na época, isso era quase uma sentença de morte. Todos na minha família ficaram muito tristes, com uma tremenda cara de velório. E isso é um pouco engraçado se a gente pensar que meu pai trabalhava numa funerária.

A tuberculose é uma doença muito contagiosa. Todo mundo fica com medo de chegar perto. Então havia dois caminhos para mim: ou me mandar para um sanatório, ou me colocar numa casinha que tinha no fundo do quintal. Preferiram a segunda opção. Ainda bem. Acho que, se tivesse ido para o sanatório, teria morrido.

O chato é que a Maria Leal perdeu sua casinha. Ela foi dormir com minha família e fiquei com o lugar dela, longe de todo mundo. Quer dizer, longe, mas perto. Lá tinha um banheirinho e botaram também uma segunda cama, onde meu pai dormia de vez em quando pra me fazer companhia.

Nossa casa ficava num terreno comprido. Tinha uns vinte metros entre a casa da família e a minha. No meio havia uma mangueira, uma horta, um galinheiro, um depósito de lenha e o Rex, nosso cachorro.

Na minha casinha colocaram uma porteira para impedir que Chico, Henrique e minhas irmãs fossem me visitar. Então, eu ficava lá, que nem bicho de zoológico, isolado. E eles, do lado de fora, olhando tudo o que eu estava fazendo.

Nesse tempo parei de ir à escola. Apesar disso, foi uma época em que li muito. Quase um livro por dia. Principalmente Agatha Christie e Dostoievski. Ela escreveu umas histórias de detetive muito boas. Ele fez uns romances enormes. Também lia livros das minhas irmãs, geralmente escritos por pensadores católicos. E muitas revistas. Mas minha irmã Zilá recortava as fotos de mulheres de biquíni antes de me entregá-las. Que pena...

Também aproveitei o tempo para aprender aeromodelismo, tocar violão e fazer um curso de radiotécnico por correspondência. Cheguei a construir dois rádios! Ah, e ainda escutava todas as novelas da Rádio Nacional, da manhã até a noite.

Eu tinha um sanatório particular. Uma enfermeira chamada Dinha vinha duas vezes por dia me dar injeção. E eu marcava os dias fazendo risquinhos na parede, que nem presidiário.

Naqueles dias pensei um bocado. A gente quase nunca tem muito tempo para pensar, mas naquela época era uma das coisas que eu mais fazia. Quinze anos é uma ótima idade para a gente pensar.

Meu avô Rodrigo, marido da Dona Mariquinha, às vezes vinha me visitar e dormia comigo no meu quarto de tuberculoso. Ele era tão esquecido que chegou a usar a calça de trás para a frente e reclamar da falta de braguilha. E uma vez tentou colocar o cinto como se fosse gravata. Eu fazia escorpiões de cera para assustá-lo. E dava certo.

Havia uma campainha para chamar os outros quando eu me sentia mal ou precisava de alguma coisa. Sempre que usava aquilo, o pessoal vinha correndo, já achando que eu ia morrer. De vez em quando, até eu acreditava nisso.

Por exemplo, teve um dia em que fiquei tão mal que meu pai mandou a Wanda buscar um padre e ele chegou a me dar a extrema-unção. Mas não morri. Pelo menos, não naquela hora.

No fim das contas, o que me salvou foi um exemplar da revista *O Cruzeiro*, uma daquelas com as fotos de mulheres recortadas pela minha irmã. Certa vez estava lendo a revista e me deparei com uma reportagem sobre hidrazida. Era uma espécie de cura para a tuberculose. Mostrei a reportagem para todo mundo e meu pai a levou até um médico.

Três meses depois eu estava tomando o remédio. Mais três meses e estava curado. Falando em "três", eu tinha ficado três anos assim, só esperando morrer pela tuberculose ou por um sangramento. Eu já era magro, mas nessa época fiquei esquelético.

Com 19 anos voltei para a escola. E achei que tinha que recuperar o tempo perdido. Não só estudando muito, mas também sendo bastante dedicado à igreja. Passei a comungar todos os dias. E eu sempre falava alguma coisa em público na missa das seis da tarde. O pessoal gostava bastante.

Por conta da leitura dos pensadores cristãos, acabei entrando para a Juventude Estudantil Católica (JEC). Naquele tempo havia a ideia de que ser cristão era ajudar a transformar o mundo. Acho que nunca deixei de acreditar nisso.

O meu grande mentor nessa época foi o frei Mateus Rocha. Ele era só doze anos mais velho do que eu e tinha ideias modernas. Tratava o pessoal de igual para igual.

Na primeira reunião da JEC, só estávamos o frei Mateus, eu e mais quatro rapazes. Depois de seis meses a JEC já tinha se espalhado por Belo Horizonte e estava em quatro colégios. O pessoal costumava se encontrar na escadaria da igreja de São José. Até hoje tem estudante que fica por ali.

Foi onde conheci a Regina. Eu já tinha me apaixonado várias vezes. Aos 5 anos, por Lia, que tinha 19. Depois, aos 13, por Socorro, que usava sempre um vestido vermelho. E, logo depois da tuberculose, por Marcolina, que tentei conquistar com meu violão, mas não consegui.

Então veio Regina, minha primeira namorada. Eu nunca tinha dito "eu te amo" para uma menina. Ela foi a primeira. Ah, como era linda! Tinha uns olhos verdes inacreditáveis. Mas seu pai era rico e médico. E eu era pobre e doente. Assim, ele tinha duas razões para não gostar de mim. "Não vai passar dos 30", meu ex-futuro sogro dizia.

Mesmo assim meu namoro com Regina durou três anos. Então o pai dela perdeu a paciência e a mandou para a Europa. Foi o fim... Mas confesso que, quando fiz meu aniversário de 60 anos, sonhei com ela e pensei: "Rá, já vivi duas vezes o que o pai da Regina pensava".

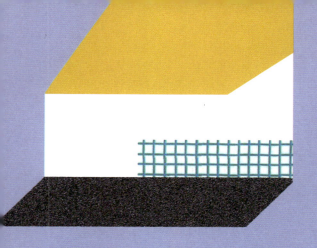

BRINCANDO de ESCONDE--ESCONDE
(com a **DITADURA**)

A minha família era muito solidária. Meu pai, quando tinha padaria em Bocaiúva, sempre ajudava o pessoal mais necessitado. E minha mãe dava comida para todo mundo que aparecia: nossos parentes, nossos amigos e até para uns parentes de amigos. Dona Maria fazia um frango ensopado com quiabo que era uma coisa...

Por conta dessa tradição familiar e das ideias da JEC, acabei me interessando pela política estudantil. E, quando entrei na FACE, acabei indo pra JUC, que é a evolução da JEC.

Hum... Acho que usei muitas siglas. Vou fazer a tradução. JUC é Juventude Universitária Católica. E FACE não tem nada a ver com Facebook. Significa Faculdade de Ciências Econômicas. Eu queria cursar administração pública e sociologia política. Tinha 23 anos quando entrei lá. Me atrasei uns anos no estudo por causa da tuberculose.

A JUC era mais política que a JEC. Como eu falava bem, organizava as ideias com facilidade, era um pouco mais velho e gostava de liderar, logo fiquei como um dos chefes da JUC. Aliás, fiquei na política para sempre. Mas nunca fui candidato a nenhum cargo. Política é bem mais do que eleições.

A JUC fazia campanhas, mobilizações, agitações. Éramos a favor disso, contra aquilo... Tudo era discutido. O primeiro movimento que liderei foi para afastar o diretor da FACE, que a gente achava muito autoritário e injusto. Foi uma guerra! Pintamos palavras de ordem, usamos alto-falantes, fizemos passeatas (uma delas com carroças puxadas por burros) e realizamos até alguns enterros simbólicos do diretor.

Parte dos professores ficou do nosso lado, parte ficou do lado do diretor. Chegamos a entrar em greve. A coisa saiu até nos jornais de Belo Horizonte. E o diretor acabou pedindo demissão.

Naquele ano de 1960 fazia um ano da revolução cubana e o Che Guevara veio para o Brasil receber uma condecoração dada pelo presidente, que era o Jânio Quadros. Então a gente marcou um comício de apoio a Cuba. E, só de farra, espalhamos um boato (usando um carro com alto-falante) de que o Fidel Castro estaria presente.

Mas o nosso Fidel Castro era só um amigo, o Teotônio, usando barba falsa e um uniforme mixuruca. Ele foi para o terceiro andar do centro acadêmico e fez um discurso em portunhol: "Povo del Brasil...". O pessoal da direita foi para a frente do centro acadêmico e ameaçou matar a gente. O Teotônio tirou a roupa, a barba e se escafedeu. Eu fugi para o café Nice, na avenida Afonso Pena, e fiquei lá no fundo do salão. Levamos umas pancadas, mas foi engraçado.

No mês seguinte, meu pai morreu. Ele já estava ruim havia dois anos, por causa de um derrame. Fiquei pensando um bocado nele, nas coisas que ele fez, e fui entendendo meu pai melhor. Acho que no primeiro ano me lembrei dele todos os dias. Depois, comecei a pensar menos. E ele foi virando uma lembrança boa.

Os debates, campanhas e comícios continuaram. A política estudantil foi se misturando cada vez mais com a minha participação religiosa. Eu achava que o cristianismo era incompatível com a "exploração do homem pelo homem", um jargão comum na época. Para mim, Marx e Jesus eram dois barbados que falavam coisas parecidas.

Era um tempo de muitas mudanças no Brasil. A capital tinha sido transferida do Rio de Janeiro para Brasília, a indústria automobilística crescia e a economia começava a se modernizar.

Eu também estava mudando. Numa eleição da UNE (União Nacional dos Estudantes), eu era o candidato da JUC à presidência. Mas aí a esquerda ficaria dividida. Acabei desistindo em favor do candidato ligado ao PCB (Partido Comunista Brasileiro). Ele ganhou. De certa forma, essa eleição marcou o momento em que coloquei a política acima da religião.

Quando veio 1961 e o Jânio Quadros renunciou, os militares não queriam que o vice, João Goulart, assumisse. Leonel Brizola, que era governador do Rio Grande do Sul, organizou a Rede da Legalidade para garantir a posse de João Goulart. E a UNE entrou nessa. Organizamos uma greve nacional dos estudantes. E escrevi vários discursos do presidente da UNE, o Aldo Arantes, que muitos anos depois seria deputado federal por Goiás.

Acabamos ganhando a briga e João Goulart foi empossado. Mas com o Tancredo Neves como primeiro-ministro. Eu estava em Porto Alegre com o Aldo, e fomos convidados para a cerimônia em Brasília. Infelizmente tínhamos que ir de avião. E nunca gostei de avião. Menos ainda daquele. Era um bimotor fubeca, e a viagem já começou debaixo de chuva. No caminho, todo mundo vomitou, de tanto que o bicho chacoalhou. Sem falar nos raios, que davam um medo danado.

Quando fizemos escala em Campinas, quase beijei o chão. Eu e o Aldo desistimos de ir para Brasília e pegamos um ônibus para o Rio de Janeiro, onde era a sede da UNE. Se dependesse de mim, nunca mais pegava nem elevador. O que eu não imaginava é que logo voaria por cima do Oceano Atlântico...

É que a União Soviética deu duas passagens de avião e duas estadias para a UNE. O Aldo não queria ir. Então indicou o Roberto Leal Lobo, que era físico, e eu. Isso foi no final de 1961.

Após uma escala em Paris, na França, chegamos em Moscou, capital da URSS, e uma equipe de três pessoas cuidou da gente: uma intérprete oficial, uma filósofa do partido e um profissional de uma rádio que falava português. Também conhecemos Leningrado, Kiev e Bucareste, na Romênia.

O frio era terrível. E também o excesso de propaganda e a falta de liberdade. Por outro lado, educação e saúde eram garantidas, não havia desemprego e as mulheres estavam em todos os tipos de trabalho. Por exemplo, 70% dos médicos eram mulheres. Mesmo assim, pesando os dois lados da balança, achei que não dava para viver uma coisa dessas.

1962 foi um ano complicado. Depois do Tancredo Neves houve mais dois primeiros-ministros. O país parecia mais instável que um bêbado dançando de meia num chão encerado.

Assim que me formei, comecei a trabalhar como técnico de avaliação de projetos do Banco Econômico de Minas Gerais. Mas logo saí de lá e fui para Brasília, trabalhar no Ministério da Educação e Cultura. Ele era dirigido pelo Paulo de Tarso, um católico de esquerda. O assessor de imprensa dele era o Ferreira Gullar, que seria um poeta famoso. E o educador Paulo Freire foi chamado para coordenar o Plano Nacional de Alfabetização. Um timaço!

Infelizmente, o Paulo de Tarso saiu do Ministério quando o João Goulart ameaçou decretar estado de sítio. Eu estava muito animado com o novo trabalho, mas, com a saída de quem me convidou, tinha que pedir demissão.

Por sorte, no mesmo dia da saída do Paulo de Tarso, outro militante católico, o Francisco Whitaker, que era diretor da Superintendência da Reforma Agrária, me chamou para trabalhar com ele. Aí mudei de Brasília para o Rio de Janeiro. E no Rio de Janeiro morava a Irles.

Eu a havia visto um ano antes, em Petrópolis, num congresso da UNE. Ela tinha 20 anos, personalidade forte e também gostava de política. Começamos a namorar. E no fim de 1963 fui até os pais dela pedir sua mão.

No começo do ano seguinte já estávamos preparando a festa do casamento: bolo, igreja, roupas, essas coisas. Mas vinha uma surpresa por aí.

Em março de 1964 havia muitos boatos de que haveria um golpe. A informação vinha de várias fontes, inclusive dos contatos militares que a gente tinha: sargentos e oficiais. No dia 31 eu estava no Rio de Janeiro, como consultor da UNE, no Palácio das Laranjeiras, que era a residência oficial do presidente da República no Rio de Janeiro.

Lá pela uma da tarde, um capitão me disse: "Se manda, porque os tanques estão chegando". Eu obedeci. Quando desci a ladeira do parque Guinle, já cruzei com os tanques indo em direção ao Palácio.

Fui direto para o Departamento de Correios e Telégrafos, que era o melhor lugar para me manter informado, já que todos os telex e telegramas passavam por lá, e era um bom lugar para telefonar. O José Serra tinha chegado antes de mim. Ele era presidente da UNE e, no futuro, seria ministro da saúde, prefeito e governador de São Paulo.

No fim da tarde percebemos que os golpistas iam mesmo vencer. Aí fomos para a UNE, na Praia do Flamengo. Mas encontramos o prédio pegando fogo. Os militares já mostravam que queriam mesmo transformar o movimento estudantil em cinzas. Eu pensei: "Pronto, acabou uma época e começa outra".

Uma coisa que me doeu muito foi que no porão da UNE estavam quase todos os exemplares do primeiro livro que eu tinha organizado. O nome dele era "Cristianismo hoje". Mas o "Cristianismo hoje" foi engolido pelo fogo. Simbólico, não?

Na primeira e na segunda noites do golpe, uma amiga médica me escondeu no Pinel, um hospital psiquiátrico. Já que eu estava vivendo uma loucura, um hospício era um lugar bem adequado para eu me esconder.

Nos dias, semanas e meses seguintes, a ditadura começou a perseguir pessoas. Eu não me achava tão importante para ser perseguido, mas, em junho, uns caras da Marinha bateram no apartamento onde vivia o Betto (que mais tarde seria conhecido como Frei Betto: frade, jornalista e escritor). Pensaram que o Betto era o Betinho. Fui salvo pela incompetência militar.

Logo conseguiram montar um esquema para que eu e o Aldo Arantes escapássemos do país. O responsável pela operação foi o Sérgio Motta, que seria ministro das Comunicações no governo Fernando Henrique Cardoso.

Fui levado até Campo Grande, no Mato Grosso do Sul (a 2.500 km de distância), num fusquinha azul. Lá encontrei o Aldo. Também estavam o seu pai, seus irmãos e sua companheira, a Dodora.

Tínhamos contratado um avião particular que sairia de Aquidauana, perto de Campo Grande, e nos levaria até Assunção, no Paraguai. Mas, por uma sorte incrível, quando a gente já estava em Aquidauana, almoçando num restaurante, o pai do Aldo passou por uma mesa e escutou essa conversa: "O Exército está aqui na cidade para pegar uns subversivos que vão fugir de avião. Antes de eles embarcarem, vão prender os caras".

Tivemos que mudar de planos. Eu, Aldo e Dodora fomos no fusca azul até Ponta Porã, também no Mato Grosso do Sul. De lá embarcamos num avião de carreira até Concepción, no Paraguai. Aí fomos para Assunção e finalmente pegamos um avião para Montevidéu, no Uruguai.

Fomos parar num hotel no bairro de Carrasco. Não era um nome muito animador... Ficava em frente à praia, mas fazia um frio enorme e a gente até tremia. Por sorte, na cidade havia mais uns trezentos brasileiros refugiados. O calor humano não acabou com o frio, mas ajudou.

Estavam lá João Goulart, Brizola, Waldyr Pires, que seria governador da Bahia, e Miguel Arraes, que seria governador de Pernambuco. Toda a esquerda estava reunida. Faltava apenas o povo.

A Irles só chegou ao Uruguai em agosto. E nós já estávamos casados. Mas foi um casamento meio estranho, porque eu não estava lá. Meu cunhado, marido da Zilá, assinou os papéis no meu lugar. Pelo menos tivemos uma lua de mel no exterior. Se bem que foi mais um exílio de mel.

Nós, os refugiados, líamos bastante. Mas também queríamos lutar pelo país. Assim, nossa dúvida era se devíamos ir estudar na França ou voltar para o Brasil. No final das contas, ganhou a segunda hipótese. Lutar contra os golpistas parecia ser nossa obrigação.

Eu e Irles fomos para São Paulo. E em outubro de 1965 nasceu nosso filho, Daniel. Logo depois nos mudamos para o Rio de Janeiro. E lá a polícia me encontrou...

Foi numa tarde em que eu estava deitado, bem fraco por causa de uma hemorragia, quase sem conseguir andar. Doze agentes apareceram para me levar. Eu estava tão fraco que um só já bastava. Ou dois, para ajudar a me carregar.

Meu medo era que revistassem o apartamento. Os papéis importantes estavam na gaveta de calcinhas da Irles, embaixo dos absorventes íntimos. Felizmente, não procuraram nada.

Charge de Henfil.

Fui levado para o prédio do Dops (Departamento de Ordem Política e Social, uma espécie de polícia especializada em opositores do regime militar, com licença para prender, torturar e matar) e fiquei sete horas prestando depoimento. Dei respostas evasivas, driblando as perguntas feito um centroavante que escapa das botinadas dos zagueiros. Fui liberado, mas me disseram para retornar dali a quatro dias, em 26 de dezembro, logo depois do Natal. Nem pensei em voltar. Quando botei o pé fora do Dops já me pus a pensar em como sair do Brasil.

No dia 25 pedi abrigo na embaixada do México e fiquei dez dias lá. Depois me levaram para um sítio em Nova Iguaçu e de lá fui para um hotel, em Resende, também no estado do Rio, fazendo de conta que eu era um reles turista.

Acabei indo para Texas, Brooklin. Não, não fugi para os Estados Unidos. Era a rua Texas, no bairro do Brooklin, em São Paulo.

Passei a usar o nome de Alberto e comecei a trabalhar como vendedor de títulos de um clube campestre. Não dava para pagar as contas, então eu recebia uma ajuda do meu irmão Henrique, que tinha se tornado um cartunista muito importante, conhecido como Henfil (de Henrique Filho).

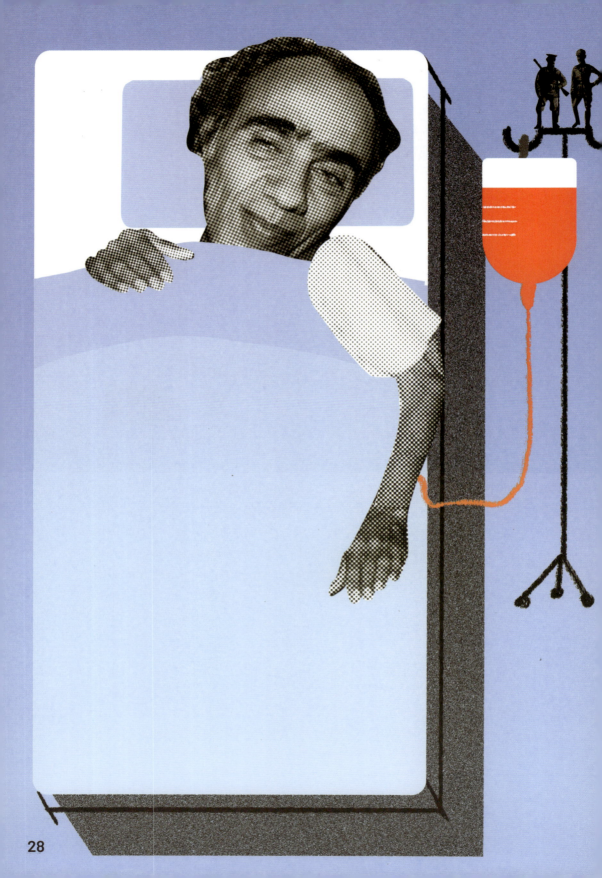

Uma noite acordei com um sangramento terrível. A Irles me carregou no colo (ainda bem que eu era magrinho) até um táxi e me levou para um hospital. Fui internado com o nome de Paulo, mais uma falsa identidade. Alguns médicos que eram contra a ditadura militar me ajudaram.

Dois dias depois fui operado. A graça da história é que um militante da AP (Ação Popular, grupo do qual eu fazia parte), que tinha uma irmã casada com um cara do Exército, conseguiu que vários recrutas doassem sangue para garantir minha operação – sem que soubessem quem eu era, é claro. Que ironia! Militares queriam meu sangue e sangue de militares corria nas minhas veias.

Só havia 10% de chance de sobrevivência. Eu tinha 32 anos na época e, quando tomei a anestesia geral, pensei que era o fim.

Foi uma surpresa quando acordei.

BRINCANDO de VIVO OU MORTO (e quase MORRENDO)

Naquela época, a Ação Popular tinha que tomar uma decisão muito importante: entrava ou não na luta armada? Decidimos que sim, entraríamos. Quando a morte não me perseguia, era eu que corria atrás dela.

Fui encarregado de ir a Cuba buscar dinheiro para comprar armas e equipamentos para a guerrilha. Era outubro de 1967. Quando cheguei, chegou também a notícia de que Che Guevara havia sido morto na Bolívia. Foi uma grande tristeza. O Che era um ídolo em Cuba.

Eu, Irles e nosso filho ficamos onze meses lá, num hotel. Aí, ela foi para a França, estudar, e voltei para o Brasil com Daniel, que ficou morando com a mãe da Irles no Rio de Janeiro. Eu acabei indo morar no Jardim Zaíra, em Mauá, cidade localizada na região conhecida como ABC paulista.

Para financiar a luta contra a ditadura, as guerrilhas faziam alguns assaltos a bancos. A Ação Popular fez uma única tentativa. E foi um verdadeiro desastre... Escolheu-se uma agência bancária no interior da Bahia. Eles armaram todo o esquema, entraram no estabelecimento, tiraram uma pistola e a pessoa da AP gritou: "Todos para o assalto, isso é um banheiro!".

A troca de palavras gerou a maior confusão, porque as pessoas ficaram sem saber o que fazer. E o sujeito ainda repetiu a frase mais duas ou três vezes. "Todos para o assalto, isso é um banheiro!". Acabou saindo um tiro e nosso pessoal fugiu correndo. Ficaram uns quatro ou cinco dias escondidos na mata.

Depois, a Ação Popular, que vinha da Igreja Católica, percebeu que sua vocação era outra e desistiu daquele tipo de luta. Preferimos seguir a linha chinesa de revolução, proposta por Mao Tsé-Tung, fundador da República Popular da China. Ela dizia que os militantes deviam trabalhar ao lado do povo, no campo e na cidade, e espalhar suas ideias de revolução.

O maoísmo tinha muita coisa que atraía as pessoas de formação católica como eu:

- um líder (só que em vez de Cristo era o Mao);
- um livro (só que em vez da *Bíblia* era o *Livro Vermelho*);
- e a ideia de sacrifício por um bem maior.

Assim, ficou decidido que eu iria trabalhar numa fábrica para ajudar a organizar os operários e saber como era realmente viver no meio do povo. Mas eu vinha da classe média. Era um pequeno burguês. Estava na cara que não ia dar certo. Hoje tenho um arrependimento brutal de não ter percebido o nível de loucura em que estava me metendo.

Naquele começo de 1969, eu tinha 33 anos e usava o nome "Francisco Carvalho". Virar operário não era fácil para um hemofílico. Qualquer cortezinho e iria parar no hospital. Talvez até no cemitério.

Por conta disso, pensava que jamais passaria pelo exame de saúde de uma fábrica. Mas o médico só me mandou abrir a boca, viu que meus dentes eram bons e disse: "Passou".

Eu ganhava um salário mínimo. Carregava caixotes de xícaras. Só que levantar peso e ficar oito horas em pé não dava para mim. No fim da primeira semana já pedi que me transferissem. Passei a ser lixador de xícaras. Continuava ficando oito horas em pé, mas não tinha mais que carregar peso. Fiquei cinco meses lá e a única mobilização que consegui fazer foi lutar pelo sábado livre. Dos mil e duzentos funcionários, só uns cem aderiram. Nem levei o documento para a direção da fábrica. Fracasso total.

Em novembro de 1969, a Irles e o Daniel voltaram a morar comigo. Ah, e trouxeram uma cachorrinha chamada Eva. Os três chegaram de trem e fui esperá-los na estação. Foi bom viver em família de novo. E também um tanto difícil... Teve hora em que vivemos numa casa de 50 metros quadrados com mais catorze pessoas, numa rua de terra que alagava.

Lá no Jardim Zaíra consegui montar um núcleo da Ação Popular com os jovens. Mas a Operação Bandeirantes (Oban), um dos órgãos da repressão, começou a ir atrás da gente. Foram pegando os garotos, e alguns, por causa da tortura, não aguentavam e acabavam entregando outros.

Eu vivia em permanente tensão. Me sentia na iminência de ser preso e morto. Tinha que fingir o tempo todo. Uma vez até neguei ser pai do Daniel, coitado...

Estava muito arriscado continuar ali. Um dia colocamos nossas coisas nuns sacos plásticos, daqueles de supermercado mesmo, e fomos para a cidade vizinha, Santo André.

Lá conheci a Maria Nakano. Na verdade, a reencontrei, porque já a conhecia de um encontro da Ação Popular. E dessa vez não teve jeito:

ficamos apaixonados. O coração não sabe escolher o melhor momento para essas coisas...

A Oban apertava o cerco e chegava cada vez mais perto. Em Santo André e nos arredores também começaram a cair militantes. Sentia que a morte estava me rondando. Um dia pegaram uns sessenta jovens lá no Jardim Zaíra. Um rapaz foi a pé, de lá até Santo André, e, de madrugada, me avisou: "Olha, caiu todo mundo. Se manda". Aí ele voltou para casa e foi pego.

Nós fomos para São Paulo. Mas eu fui para um lugar, a Irles e o Daniel, para outro. Ficamos assim por um tempo até que um dia, no fim do ano de 1970, marcamos um encontro na avenida Paulista.

Eu falei que amava a Maria e que queria me separar definitivamente.

Ela pegou o Daniel pela mão e foi embora. Essa é uma hora em que todo homem se sente um canalha. E talvez seja mesmo... Tinha abandonado minha mulher e não ia ajudar a criar meu filho. Por outro lado, estava apaixonado, em lua de mel.

Eu vivia com a Maria na rua Cangaíba, no bairro da Penha, em São Paulo. O engraçado (ou triste) é que ela não sabia o meu nome verdadeiro, nem eu o dela. Maria me conhecia como Wilson. Eu a conhecia como Marli.

A Marli, digo, a Maria, fazia bolsas artesanais para conseguir algum dinheiro. Eu nem saía de casa. Era medo de dia e romance de noite!

Mas, se eu quisesse continuar driblando a morte, tinha que ir embora do país. E o Chile era o único país possível naquele momento, porque lá o presidente era o socialista Salvador Allende.

Eu e Maria viajamos até Londrina, no Paraná. Lá consegui uns documentos falsos e fui para o Paraguai, de onde iria para o Chile. Maria voltou para São Paulo. Não era seguro para ela sair naquele momento.

Como foi triste nossa despedida. Como é triste ter que partir e deixar para trás o seu grande amor...

Quando cheguei no Chile, em meados de 1971, aconteceu uma coisa estranha: eu pude voltar a ser eu mesmo. Pude voltar a ser Herbert. Ou Betinho. Depois do golpe tive que trocar de nome várias vezes: Alberto, Paulo, Wilson, Francisco, Austregésilo... Não, é brincadeira, Austregésilo não.

Além disso, pude voltar a ser sociólogo. E a tomar cerveja num bar, passear pelas praças, andar pela rua sem medo de estar sendo seguido, dormir sem sonhar com tortura e morte. Fui do inferno ao céu.

Também reencontrei o José Serra, que tinha ido para o Chile uns seis anos antes. Ele trabalhava numa faculdade, ganhava um bom salário e foi o primeiro a me abrigar. Também me conseguiu um emprego de pesquisador e, com isso, pude alugar um apartamento.

Depois de um tempo, consegui um trabalho muito melhor: assessor do assessor pessoal do presidente Allende. É que o Darcy Ribeiro (um grande antropólogo brasileiro que trabalhava para o governo chileno) se mudou para o Peru e herdei o lugar dele.

Foi um dos períodos mais ricos da minha vida (não em dinheiro, claro). Era como seu eu tivesse voltado a ter um lugar no mundo. Senti que meu trabalho, minhas ideias e minha energia estavam sendo parte de algo grande, importante.

TUDO ESTAVA BEM. MAS IA FICAR ÓTIMO.

Um dia, no começo de 1972, o Serra me ligou e disse para ir até a casa dele. Quando cheguei, tive uma surpresa. Uma tremenda surpresa! A Maria estava lá.

Nos dias seguintes tivemos uma espécie de lua de mel. Finalmente falamos nossos nomes reais, contamos quem éramos e quais eram nossas histórias. Fomos morar num apartamento perto do meu trabalho. Tudo ia tomando jeito, finalmente eu tinha uma rotina.

TUDO ESTAVA ÓTIMO. MAS IA FICAR PERFEITO.

Irles e Daniel chegaram em Santiago. Era o único lugar onde eles também poderiam ficar seguros. A Irles só conseguiu lugar numa pensão de moças que não aceitava crianças. Então o Daniel ficou comigo e com a Maria.

Foi um período muito feliz. O Daniel estava aprendendo a ler, a gente comia muitas pizzas à noite e íamos ao zoológico.

Depois, o pai de Irles mandou dinheiro e ela comprou um apartamento. Meu filho voltou a morar com a mãe, que também tinha um novo companheiro. O Daniel, que morou boa parte da vida com a avó, de repente tinha duas famílias. Se bem que ficava muito mais com a da Irles.

TUDO ESTAVA PERFEITO. MAS IA FICAR PÉSSIMO. TERRÍVEL.

Em 11 de setembro de 1973, um golpe de estado derrubou o Allende. Quem planejou tudo foi o Augusto Pinochet, o general que comandava o Exército e devia ser o responsável por evitar golpes. O Allende confiava totalmente nele. Mas o sujeito estava planejando tudo com os Estados Unidos havia um ano. Seria uma ditadura sanguinária, que duraria quase duas décadas, mataria mais de três mil pessoas e obrigaria duzentos mil chilenos a fugirem do país. Duzentos mil chilenos e alguns brasileiros.

Naqueles dias, ficar em casa era morte certa. Precisávamos sair dali. E rápido.

Eu e a Maria buscamos abrigo nas embaixadas da França e do Peru. Mas estavam cheias. Então fomos para a do Panamá. Quando a gente fala em "embaixada", as pessoas pensam numa mansão com muitas salas, lustres de cristal e jardim. Mas a embaixada do Panamá era um apartamento térreo de 60 metros quadrados. O embaixador tinha permissão para receber 15 pessoas. Só que, em menos de uma semana, já éramos 264. Tínhamos que fazer rodízio para sentar.

Os doentes, como eu, ficaram no quarto de empregada. As grávidas, que eram umas 25, ficaram no escritório do embaixador, que tinha um banheiro exclusivo. As outras duzentas pessoas dividiam o resto do apartamento e o outro banheiro. A fila podia durar duas horas. Por sorte, havia seis médicos lá. E eles colocavam tranquilizante na laranjada para o pessoal não ficar muito desesperado.

Depois, o Teotônio, aquele mesmo do começo do livro, que usou uma barba falsa para fazer de conta que era o Fidel Castro, comprou um casarão e o cedeu para o consulado. Talvez ele tenha sido o único caso na história de alguém que ficou exilado na própria casa. Aí a coisa melhorou. Eram só trinta por quarto. E tinha uma piscina vazia onde a gente podia dormir esticadinho. Em novembro deixaram que fôssemos para o Panamá.

Ficamos quatro ou cinco meses lá. Só que o Panamá também tinha sido dominado por um golpe militar. Ou seja, era apenas uma solução provisória. Para onde eu e Maria poderíamos ir?

Estávamos mais perdidos que um cego com labirintite em tiroteio. Mas aí veio a Guerra...

BRINCANDO de PIQUE- -AJUDA (com muita AJUDA)

O nome da Guerra era Iza. Iza Guerra. Ela era casada com um canadense e estava num comitê de ajuda aos refugiados políticos. Graças a ela, em fevereiro, eu, Maria e mais alguns brasileiros desembarcamos em Toronto, no Canadá.

Parecíamos um bando de retirantes. E éramos. Tinha gente com panela, mamadeira, violão embrulhado em fronha. Eu carregava minhas coisas num saco plástico preto. Uma tristeza só. Para piorar, fazia 20 graus negativos e eu não sabia falar inglês.

Pelo menos estava vivo. Tinha dado mais um drible na morte. Nada mal para quem não podia jogar futebol, não é mesmo?

A Sociedade dos Católicos Canadenses se responsabilizou por mim e por Maria. Ficamos dois meses abrigados num convento. A comida era boa e recebemos doações de sapatos e roupas. De noite eu ainda roubava umas maçãs da cozinha.

Depois, o governo canadense regularizou nossa situação. Passamos a ter documentos, seguro-saúde, aulas de inglês e até uma quantia mensal para as despesas básicas.

Comecei a fazer doutorado em Ciências Políticas na Universidade de York e nos mudamos para o alojamento do *campus*.

Naquele tempo, meu irmão Henfil estava morando em Nova Iorque, tentando virar cartunista por lá. Ele aproveitou para me visitar em Toronto. Até pensava em se mudar para o Canadá, mas o clima frio – lá fazia mais frio do que em Nova Iorque – o espantou.

No ano seguinte, ele nos visitou de novo e ainda trouxe nossa mãe. Eu não a via desde o nascimento do Daniel. Foi ótimo! Nós três demos bons passeios pelas praças da cidade. Era outono e os jardins estavam amarelos e vermelhos.

Do Canadá, eu e Maria fomos para a Escócia, porque fui convidado para dar aulas num instituto em Glasgow. Mas ela ficou por pouco tempo. Foi para a África, trabalhar no governo de São Tomé e Príncipe. Eles tinham conseguido a independência de Portugal e um governo marxista estava no poder.

Ficamos cinco meses separados. Mandei muitas cartas para Maria. Vai aqui o trechinho de uma delas:

> Hoje enviei as cartas para você e agora começo outra... Ora, por quê? Porque quando falo sozinho, falo com você. Te adoro. TE ADORO!

E ela me respondeu:

> 9:30 da noite e todo mundo já dormindo. Eu aqui lendo e relendo sua carta, com vontade imensa de estar ao seu lado, contando as horas e os minutos que faltam ainda pro dia 25 de junho.

Nessa data nos encontramos em Lisboa e de lá voltamos para Toronto. Ainda ficamos quase um ano no Canadá e depois partimos para o México, onde fui trabalhar como professor numa universidade.

Em 1979, o Daniel foi me ver lá no México. Foi uma visita longa, que durou uns seis meses. Pena que eu era um pai muito magrelo e fracote. Não conseguia acompanhá-lo nas brincadeiras. Quando jogava bola com ele, eu chutava com a bengala. Uma mexicana que trabalhava lá em casa até me chamava de "mi muertito".

Acho que nosso melhor momento foi um fim de semana em que ficamos numa praia. Um dia ele insistiu que eu entrasse no mar e eu fui. Quase acabei levado pelas ondas. Mas valeu a pena.

Meu irmão Henfil já tinha voltado para o Brasil e morava em São Paulo. E lá, numa churrascaria, ele conheceu a cantora Elis Regina, que era sensacional, a mais importante do Brasil na época (talvez, de todas as épocas). Ela acabou apresentando o Henfil para o Aldir Blanc, um dos melhores letristas que o país já teve.

Pois uma noite, o João Bosco, cantor e compositor que fazia canções com o Aldir, mostrou para ele uma melodia inspirada em Charles Chaplin. O Aldir começou a pensar na letra. Havia umas frases que acabavam com "Brasil", "partiu" e "gentil", e ele achou que um bom verso seria "A volta do irmão do Henfil". E explicou: "Se eu falasse Betinho, ninguém ia saber quem era". Isso era a pura verdade. Pouca gente me conhecia no Brasil. Meu irmão que era famoso.

Um dia ele ligou para mim lá no México e pôs a música para tocar, sem explicar nada. Quando ouvi a Elis Regina cantando, não aguentei e chorei.

Um tempo depois recebi pelo correio uma fita cassete com a música. Junto veio um bilhete do Henfil: "Mano velho, prepare-se. Agora nós temos um hino e quem tem um hino faz uma revolução".

Ele tinha razão: a anistia estava a caminho. Algumas mulheres já tinham criado, em 1975, uma frente de mobilização pedindo a volta de maridos e filhos. Familiares de perseguidos, exilados e presos políticos se engajaram na luta e formaram comitês por todo o Brasil. E as paredes do país estavam sendo pichadas com os dizeres "Anistia ampla, geral e irrestrita".

Deu certo. Em 28 de agosto de 1979 foi assinada a Lei da Anistia.

Em setembro, quando desembarquei no aeroporto de Congonhas de volta do México, pensei que só o Henfil e minha mãe estariam lá para me receber. Mas tinha umas duzentas pessoas, duzentos amigos que eu pensava que jamais veria outra vez. Ganhei uma multidão de abraços. Quando começaram a cantar em coro "O bêbado e a equilibrista", a música com a letra de Aldir Blanc que acabou virando o tema da vitória, chorei. E, antes que eu me esqueça, a letra ficou assim:

Caía a tarde feito um viaduto
e um bêbado trajando luto
me lembrou Carlitos.
A lua, tal qual a dona de um bordel,
pedia a cada estrela fria
um brilho de aluguel.

E nuvens, lá no mata-borrão do céu,
chupavam manchas torturadas, que sufoco,
louco, o bêbado com chapéu coco,
fazia irreverências mil pra noite do Brasil, meu Brasil,
que sonha com a volta do irmão do Henfil,
com tanta gente que partiu num rabo de foguete.

Chora a nossa pátria, mãe gentil,
choram Marias e Clarices no solo do Brasil.
Mas sei, que uma dor assim pungente
não há de ser inutilmente,
a esperança dança na corda bamba de sombrinha
e em cada passo dessa linha
pode se machucar.

Azar, a esperança equilibrista
sabe que o show de todo artista
tem que continuar.

"O bêbado e a equilibrista", de João Bosco e Aldir Blanc.

Rumamos direto para a casa do Henfil. Lá tinha um almoço bem mineiro nos esperando: frango ao molho pardo.

Foram oito anos fora do Brasil. Ah, que saudade dos meus amigos, de beber guaraná, de comer goiabada, quiabo, jabuticaba... Aqui a gente não dá a menor importância, mas, quando você sai do país, vê que são coisas fundamentais.

À noite fomos ao *show* da Elis, que cantou nossa música. O Aldir Blanc estava na plateia. Disse para ele, brincando: "Voltei por causa da tua letra e nunca vou te perdoar por isso". Começou ali uma grande amizade. Fizemos muitos saraus na casa dele.

Sem emprego e sem dinheiro, eu e Maria ficamos quatro meses morando no apartamento do Henfil em São Paulo. Em 1980 nos mudamos para o Rio de Janeiro. Consegui um emprego de professor de sociologia na PUC e Maria foi trabalhar na revista *Cadernos do Terceiro Mundo*.

Logo nós dois estávamos grávidos. Ela, do Henrique. Eu, do Ibase.

Ibase é a sigla de Instituto Brasileiro de Análises Sociais e Econômicas. O charme do nome é que tem a palavra "base" nele. Os fundadores fomos eu, o Marcos Arruda e o Carlos Afonso, dois amigos de longa data.

A ideia era criar uma ONG (organização não governamental) para estudar a ação do governo (federal, estadual e municipal) em todos os campos da realidade brasileira. Uma espécie de fiscal dos governos. Queríamos produzir conhecimento, mas sem estar ligado a nenhum partido, nem ter aquela dureza dos estudos acadêmicos.

Começamos com o pé direito: o Instituto Brasileiro de Desenvolvimento, ligado à CNBB (Confederação Nacional dos Bispos do Brasil) cedeu uma casa para ser a sede do Ibase. E logo veio o passo seguinte. Recebi uma ligação do Canadá. Era o Carlos Afonso:

– Betinho, você está sentado?

– Não. Em pé.

– Então senta. Conseguimos 70 mil dólares para começar o projeto!

Nós três e mais umas oito pessoas, a maioria voluntários, nos pusemos a tocar o barco. O Carlos Afonso teve a ideia de usar um equipamento diferente: um tal de computador. Ele chegou ao Brasil trazendo um Apple II, a primeira máquina do Ibase. Carlos Afonso sempre foi muito ligado à tecnologia. Por conta disso fomos os primeiros provedores de internet do Brasil.

O pessoal estava meio desconfiado com esse negócio de tecnologia. "Não seria melhor gastar dinheiro em problemas mais graves, como a pobreza?". Mas fomos em frente e valeu a pena.

Nossos primeiros clientes foram a Igreja e alguns sindicatos. Nossas fontes de informação, num tempo em que ainda não havia transparência de dados, eram os números vazados por profissionais que trabalhavam em grandes instituições de pesquisa, como o IBGE (Instituto Brasileiro de Geografia e Estatística).

Enquanto o Ibase nascia, nasceu Henrique. Foi a Maria que decidiu que teríamos um filho. Fiquei com muito medo, mas a psicanálise me ajudou a vencê-lo. Me curvei à força do ventre de Maria. E depois amei aquela barriga como se fosse minha.

Henrique nasceu em 10 de abril de 1982. Maria ficou horas em trabalho de parto, mas no fim tiveram que optar por uma cesariana. Eu assisti a tudo. Que coisa é um parto! Quanta dor, sangue, suor e alívio. Quando a criança sai de dentro da mulher nas mãos do médico, dá vontade de gritar: "Vida!".

Fui um pai mais presente com Henrique do que com Daniel. E por motivos óbvios. Eu e a mãe de Daniel vivemos como clandestinos, fugindo, ficando muito tempo um longe do outro, e depois acabamos nos separando definitivamente.

Com Henrique, eu ajudei no dever de casa, levei para pescar e íamos no Maracanã, para ver jogos do Flamengo. Até inventei umas histórias para ele em que a personagem era uma centopeia. E essas histórias viraram quatro livros infantis.

Mas tenho que confessar que, mesmo me esforçando, não fui um pai maravilhoso. Eu tinha muitas reuniões, fazia muita política e participava de muitas campanhas. De certa forma, minha vida não era minha. Ou era, e eu é que colocava as outras coisas em primeiro lugar. Mas não acho isso errado. O mundo está acima da nossa família. Se bem que talvez eu tenha exagerado. Sei lá...

Bom, a primeira grande movimentação que a gente fez no Ibase foi a Campanha Nacional da Reforma Agrária, em 1983. A terra não é só uma questão dos trabalhadores rurais. É uma questão central para o desenvolvimento do país e da democracia, afetando o destino de toda a sociedade brasileira.

Bom, acho que preciso explicar o que é uma "campanha" para mim. É chamar representantes de vários segmentos, inclusive de ideias diferentes, chegar a um consenso mínimo, e daí informar a população e pressionar o governo.

O Ibase ia crescendo e no ano seguinte já tínhamos uns 25 funcionários, sete estagiários e três voluntários.

Ia tudo bem, mas sempre tem um "mas" quando vai tudo bem. Ele pode demorar pra chegar, mas chega. E chegou...

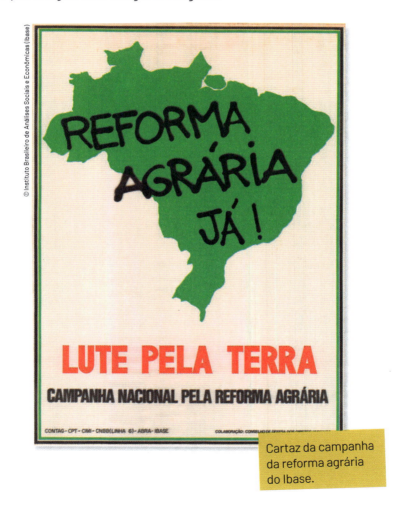

Cartaz da campanha da reforma agrária do Ibase.

BRINCANDO de RODA (com todo MUNDO DANDO A MÃO)

Os hemofílicos precisam de muitas transfusões de sangue. E era o começo da aids. Por um bom tempo ninguém sabia direito o que era a doença e como se transmitia. E assim grande parte dos hemofílicos daquele tempo foi infectada com o vírus HIV. Entre eles, Henfil e Chico Mário, meus irmãos que, assim como eu, eram hemofílicos.

Fiz o exame e esperava um milagre. Mas ele não veio. Deu positivo.

Henfil adoeceu primeiro. Chico Mário, um mês depois. Henfil foi um humorista genial, que inventou personagens bárbaros e fez charges cáusticas. Teve um programa na tevê e fez um longa-metragem. Chico Mário foi um músico brilhante, ganhou o prêmio Chiquinha Gonzaga, foi vice-presidente da Associação dos Produtores de Discos Independentes e deixou nove álbuns gravados.

Em um ano e pouco, os dois estavam mortos. Lembro que, quando tirei o lençol do rosto do Chico Mário, foi como ver um quadro de terror. Ele tinha 39 anos. Henfil, 45. Eu era mais velho que eles e, mais uma vez, estava escapando da morte.

Todos os dias, quando acordava, a primeira coisa que fazia era me examinar, procurando algum sinal da doença. Eu tinha muito medo. Era difícil tomar café da manhã, ir para o Ibase, fazer reuniões, voltar para casa e ficar com a Maria.

Logo que soube da doença, comecei a formar uma turma multidisciplinar para discutir o assunto. Essa turma viraria algo muito sério e importante, a Abia, Associação Brasileira Interdisciplinar de aids. Ela nasceu sem dinheiro nem sede. Se reuniu no Ibase até conseguir alugar uma casa na mesma rua.

Na época era normal que os doentes escondessem que tinham aids. Eu resolvi assumir publicamente. E houve consequências. Os pais dos amigos do Henrique, por exemplo, não deixavam mais seus filhos brincarem com ele. Chamei um por um para conversar e explicar como era a doença, como era transmitida etc.

Sempre acreditei que se encontraria uma cura. A ideia de morte paralisa. A ideia de vida mobiliza. Mesmo que a morte seja inevitável. Acordar pensando que se vai viver faz tudo ter sentido. Acordar pensando que se vai morrer faz tudo perder sentido. A ideia da morte é a própria morte instalada.

henfil

chico mário

eu e mãe

Nessa época recebi muitas cartas com orações e remédios caseiros que curavam a aids "com certeza". Mas eu seguia apenas as instruções do meu médico, o doutor Walber. Virei um especialista. Sabia o que significava cada número dos meus exames. E sabia que, tecnicamente, eu devia estar morto. Tanto que, quando alguém me ligava para marcar alguma coisa, eu respondia: "Se estiver vivo até lá, eu vou". Um pouco de humor não mata ninguém.

Eu e o Walber acabamos nos tornando grandes amigos. Fizemos casas vizinhas em Itatiaia e viramos parceiros de biriba. Eu jogava muito mal. Só pensava em bater. O Walber era estiloso, tinha paciência, juntava muitos pontos na mão. Geralmente ganhávamos por causa dele.

Essa amizade foi uma coisa boa da aids. Uma coisa ruim foi o fim do sexo. Primeiro, eu e Maria passamos a usar camisinha. Depois, duas. Mas o medo era tanto que acabamos desistindo. Eu tinha começado minha vida sexual bem tarde. E acabei bem cedo, com 51 anos. Pena, pena...

Senti muito pela Maria. Ela foi realmente um grande amor. Era uma presença estável, silenciosa, intensa e forte. Sólida, porém mais leve que o ar. Ela emudecia às vezes com algumas lágrimas, que chegavam de mansinho e iam como tinham vindo.

Por outro lado, ficar perto da morte me dava um tipo de força. E pressa. Sentia que tinha que fazer alguma coisa. Sentia que tinha e sentia que podia. A proximidade da morte faz a gente se atirar na vida. Como várias vezes eu estive muito perto dela, passei a acreditar que sempre podia mudar as coisas. Acho que por isso sempre entrei em campanhas.

Logo que cheguei ao Rio de Janeiro, participei do "Se liga, Rio", com mais de cinquenta entidades civis. A abertura foi um *show* no aterro do Flamengo com vinte mil pessoas. E desse grupo nasceu um conjunto de propostas para enfrentar a crise.

Depois, em 1991, veio o "Se essa rua fosse minha". O Ibase chamou algumas ONGs e a gente fez uma campanha pela assistência a meninos e meninas de rua.

Achava importante participar, tentar, me arriscar. Era nisso que eu acreditava: que a gente pode mudar o mundo. Minha tática era juntar gente de vários lados diferentes, escolher o caminho e mandar brasa.

Foi assim na "Ação da Cidadania Contra a Fome, a Miséria e Pela Vida". O movimento tinha um nome tão comprido que não dava para decorar. Os apelidos que pegaram foram "Campanha da Fome", "Campanha do Betinho" e "Ação da Cidadania".

A ideia era a seguinte: a gente achava que miséria e democracia não eram compatíveis. Então tínhamos que combater a miséria. E qual era a maior expressão da miséria no Brasil? A fome.

O lançamento do projeto foi um pronunciamento meu e do bispo dom Mauro Morelli na tevê. Quando voltei da gravação havia um monte de jornalistas, do Brasil e do exterior, me esperando no Ibase. Muitos mesmo. Aí que eu percebi que a coisa poderia crescer.

Nossa ideia era mobilizar mídia, universidades, empresariado, religiões, prefeituras e o governo federal, que tinha encampado a ideia. Tudo seria organizado em comitês que coletariam e distribuiriam os alimentos. Não era uma questão de ser de esquerda ou de direita. Mas de solidariedade e ética (aliás, sempre achei que a ética deve dominar a política e a política deve dominar a economia). Era uma chance para quem realmente se importava em fazer alguma coisa.

Tentei chamar todo mundo para a campanha. Falava com gente de qualquer partido, de qualquer religião, de qualquer profissão. E passei a dar muitas entrevistas. A fome era um assunto que tocava as pessoas. O telefone do Ibase ficava quente de tanta ligação.

Numa dessas entrevistas, eu disse mais ou menos assim:

"A questão do sonho é que nos mantém vivos. Acho que não existe vida sem esperança e a esperança tem essa versão do sonho. Imaginar e agir somente em função do possível é terrivelmente chato. Você tem que ter um impossível na sua frente. É como um farol que se ilumina lá longe e você vai perseguindo o farol. Então, eu sonho com o fim da miséria, sonho com uma sociedade democrática, com a moralização da política – isso é um sonho – e eu sonho com o crescimento da solidariedade na nossa cultura".

Houve a formação de comitês em agências do Banco do Brasil e isso deu um impulso inicial para o movimento. Depois tivemos uma explosão de iniciativas individuais e coletivas da sociedade. Tinha gente rica doando dinheiro e empregadas domésticas usando seu tempo livre para coletar alimentos. No auge da campanha tivemos três milhões de pessoas envolvidas nos comitês!

Virou um fenômeno nacional. Uma pesquisa do Ibope mostrou que 95% da população apoiava a campanha. E 30% das pessoas participaram de alguma forma.

Falei com o Chico Buarque e depois com outros artistas. Acabamos fazendo a "Semana de Arte Contra a Fome", em setembro de 1993, no Rio de Janeiro. Participou gente como Fernanda Montenegro, Fernando Torres, Nelson Freire, Grande Otelo, Domingos de Oliveira, Pedro Cardoso, Maitê Proença, Marieta Severo e mais um monte de nomes pesados das artes.

Vários espetáculos realizaram sessões em que o preço era um quilo de alimento, atletas faziam provas contra a fome, houve *shows* com Ney Matogrosso, Simone, Ivan Lins, Barão Vermelho, Renato Russo, Martinho da Vila, etc... Até presidiárias se organizavam para ajudar.

Os jornais *Folha de S.Paulo* e *O Estado de S. Paulo* encamparam a ideia. Em dezembro fui capa da revista *Veja*. E ainda tivemos rádios, televisões etc. A luta contra a fome virou o principal assunto do país. Ninguém foi a Manhumirim fazer comitê. Mas a mídia chegou lá. E assim nasceu uma rede de solidariedade.

FOI UM MOMENTO ÚNICO NO BRASIL.

E NA MINHA VIDA TAMBÉM.

No meu constante duelo com a morte, talvez tenha sido a época em que me senti mais vivo. Viver é estar ligado a uma causa, aos outros, à mudança.

A ideia de autoritarismo, de privilégio, está na sociedade brasileira. Mas naquele momento a gente conseguiu mudar um pouco isso. As pessoas estavam lutando pelo interesse do outro. E isso é uma coisa difícil. Geralmente as pessoas lutam só pelo que elas precisam. Felizmente os brasileiros comuns perceberam que podiam fazer diferença. Não esperaram o governo prometer uma solução. Assim acabaram com aquela ideia de que a fome não tinha jeito.

Acho que a história do beija-flor mostra bem o que foram aqueles dias. Ela é assim:

"Teve um incêndio na floresta e todos os bichos começaram a fugir. Menos o beija-flor. Ele, com aquele biquinho de nada, ia até o rio, pegava uma gota de água e jogava nas chamas. Os outros bichos, quando viram aquilo, perguntaram: 'Você acha que vai acabar com o incêndio assim?'. E o beija-flor respondeu: 'Não. Mas eu estou fazendo a minha parte'. Aí todo mundo começou a pegar água no rio e eles apagaram o fogo".

BRINCANDO de POLÍCIA e BICHEIRO

Depois de todo esse esforço, resolvi tirar um mês de férias. Estava cansado e precisava ver as obras da casa que estava construindo em Itatiaia.

Queria um pouco de paz. Mas, curiosamente, ela acabou quando o presidente Itamar Franco sugeriu meu nome para o Prêmio Nobel da Paz.

Logo começaram a enviar abaixo-assinados para a Noruega apoiando meu nome (um deles tinha mais de 280 mil assinaturas). E entidades internacionais enviaram moções de apoio à minha indicação.

Tentei ver as coisas com frieza. Mas não consegui. Até comecei a pensar no que fazer com o milhão de dólares do prêmio. Trezentos mil seriam para fazer uma poupança para a família. Os outros setecentos mil gastaria na montagem de uma rádio, a Rádio Cidadão.

Acho que eu tinha realmente alguma chance. Mas aí apareceu um "mas"...

Algumas páginas atrás contei que fui um dos fundadores da Abia. Ela começou a funcionar em 1985 e servia para garantir o controle das transfusões de sangue, fazer campanhas de prevenção, distribuir camisinhas etc.

A Abia nunca teve muito dinheiro, mas naquele ano estava pior. O confisco do Plano Collor em 1990, que deixou as pessoas só com cinquenta mil cruzados novos nas contas de banco (o que dá um pouco menos de dois mil dólares), complicou tudo.

Precisávamos de 40 mil dólares para que a instituição não fechasse. Na busca do dinheiro, fui procurar o Nilo Batista, vice-governador do Rio de Janeiro. Ele sugeriu pedir uma contribuição para o pessoal do jogo do bicho.

O Nilo marcou uma conversa com a esposa do Turcão, um dos bicheiros do Rio de Janeiro. O problema foi exposto, falou-se na importância da Abia e dias depois depositaram os 40 mil dólares na conta da Associação.

Pensamos que a história tinha morrido aí. Mas, em março de 1994, houve a operação "Mãos Limpas Tupiniquim", que estourou seis escritórios do bicheiro Castor de Andrade e apreendeu armas, agendas e setenta livros de contabilidade.

O nome do Nilo Batista estava nos livros. E ele disse que o dinheiro era para a Abia. Foi um escândalo!

No dia seguinte, a manchete de *O Globo* era "Nilo ajudou Betinho a receber doação de bicheiro".

Página do jornal *O Globo* de 06 de março de 1994.

Naquele episódio cometi um grande erro: aceitei dinheiro ilegal. Acreditei que os fins justificavam os meios. Mas isso é uma bobagem. Os meios contaminam os fins.

Convoquei uma coletiva de imprensa para explicar tudo. A sala ficou cheia até o teto. Confessei toda a história e saí aliviado. Mas a chance de ganhar o Nobel da Paz virou fumaça.

Por outro lado, foi bom que o pessoal tivesse perdido a fé na minha infalibilidade. Já era tempo.

Naquele ano fizemos o "Natal sem Fome" com o apoio d'*O Globo*, d'*O Dia*, do *Jornal do Brasil* e da *Folha de S.Paulo*. Mas minha relação com a imprensa nunca mais foi a mesma. Eu tinha perdido poder. Talvez tenha sido o episódio mais duro da minha vida.

61

FIM DO RECREIO

Movimento "Reage Rio". Concentração no centro da cidade.

Por conta do escândalo, meu telefone ficou mudo e minha agenda, cheia de espaços em branco. Antes eu era convidado para todo tipo de coisa, até para ser jurado de concurso de *miss* (tudo bem, isso é exagero, foi só para dar um exemplo), mas, depois daquele episódio, tudo mudou.

Para piorar, 1994 era ano de Copa do Mundo e de eleições. Só isso já iria esvaziar um bocado o movimento. Naquele ano, nosso foco seria no emprego. Era uma chance de realmente mexer na sociedade. A fome pedia solidariedade. Mas o tema "emprego" exigia mais do que isso: era preciso mudanças na economia. Não se interessaram muito. E eu entrei numa certa depressão.

Como tudo que está ruim pode ficar pior, minha mãe morreu no começo de 1995. Meio que me entreguei à doença e fiquei dois ou três meses sem conseguir trabalhar.

Em agosto surgiu um coquetel antiviral contra a aids. Era uma coisa experimental, mas fui um dos convidados a servir de cobaia. E topei, é lógico. Eu estava morrendo mesmo. Nada de pior poderia me acontecer.

Acho que aquele coquetel, ou a vida, ou a proximidade da morte, ou a situação financeira do Ibase, ou tudo junto, me deixou meio difícil naquele momento. Comecei a ser áspero com as pessoas.

Mas aí, quando parecia que eu estava num beco sem saída, as coisas começaram a se acertar. Como num filme, quando a gente está perto do final. A primeira coisa foi que o coquetel antiviral teve um efeito positivo. A segunda foi que consegui dinheiro para que o Ibase sobrevivesse.

Além disso, no final de 1995, participei de um movimento chamado "Reage Rio", contra a violência na cidade. O ápice do movimento foi uma grande concentração no centro da cidade. Chovia, mas milhares de pessoas vestidas de branco estavam lá. E eu cheguei em casa com o corpo todo dolorido, de tanto abraço que ganhei.

Mas o melhor de tudo foi no carnaval de 1996. A escola de samba Império Serrano fez um desfile com o enredo "E verás que um filho teu não foge à luta", sobre a Ação da Cidadania. Tinha até uma estrofe que dizia:

> O povo diz amém
> É porque tem
> Um ser de luz a iluminar
> O moderno Dom Quixote
> com mente forte
> vem nos guiar.

Esse Dom Quixote era eu, que por sinal estava magro como o personagem. Desfilei em cima de um carro chamado "Ser de luz". Estava todo de branco, com uma tarja preta no braço, em luto pelas pessoas que morreram naquele ano na enchente do Rio. E, quando desci do carro alegórico, sugeri que o prefeito César Maia fosse internado, considerado insano, responsabilizado pelas 68 mortes nas enchentes e sofresse um *impeachment*.

Betinho em carro alegórico.

Aquela homenagem foi melhor do que qualquer medalha, diploma ou título de doutor. Se minha vida fosse um filme, aquele seria um ótimo fim.

E o "The End" estava perto mesmo. Por conta das transfusões, eu não tinha contraído apenas aids. Também peguei hepatite C. E isso acabou com o meu fígado. A única saída para ele não pifar de vez era parar de tomar o coquetel. Foi o que fiz.

Aí o fígado ficou melhor. Mas eu sabia que a aids se aproveitaria disso. De qualquer modo, ganhei um tempinho a mais. Aproveitei para reler *Grande sertão: veredas*, de Guimarães Rosa, e fiz muitas piadas sobre a morte. Era um jeito de driblar o medo. Você não tem medo de um assunto sobre o qual faz piada.

Acho que passei a ter uma visão muito natural da morte. Ela, para mim, não estava associada a nenhum fato extraordinário. Eu não fazia especulações sobre o além. Acho que a vida é que é a coisa fundamental e só existe mudança enquanto existe vida. Para mim, a morte é o fim da mudança.

Uma noite sonhei com Zé Coelho, o pirotécnico de Bocaiúva. Ele tinha uma loja de fogos de artifício na sua casa. De vez em quando sofria uns ataques de loucura, pegava um pedaço de pau e saía correndo atrás do primeiro que passasse. Certa noite, Zé Coelho teve uma crise, derrubou uma lamparina e morreu na maior festa de luzes que a cidade já viu.

Não sei se aquele sonho foi um sinal. Mas, no dia seguinte, 9 de agosto de 1997, eu morri.

Eis aqui uma verdade incontestável: quem nasce, morre. Mesmo quem nasce em Bocaiúva.

Eu podia ter morrido no parto, no tombo, na tuberculose, na ditadura, no Chile ou logo no começo da aids. Mas, por causa de uma sucessão de sortes, vivi bem mais que isso. E fiz bem mais do que esperava.

Me colocaram uma calça azul-marinho, uma camisa clara de manga comprida e um sapato mocassim sem meia. Nada de paletó e gravata. Meu caixão não tinha nenhuma cruz ou símbolo religioso, e não houve nenhuma prece ou cerimônia. Eu tinha 61 anos.

Fui cremado. Espalharam minhas cinzas nos pés de café da minha casa em Itatiaia. Pensando bem, foi um bom final. Servir de adubo é uma das coisas mais importantes que a gente pode fazer.

Aliás, talvez seja essa a resposta para aquela pergunta no começo do livro: qual é o sentido da vida? Talvez o sentido da vida seja servir de adubo para o que vem depois de você.

Se for assim, não me saí mal.

A Ação da Cidadania continua lutando contra a fome até hoje. E também realiza projetos nas áreas de cultura, cidadania e formação, fazendo diferença na vida de muita gente.

Em Bocaiúva, a avenida principal, a biblioteca, uma escola e o programa de assistência social do maior clube da cidade se chamam Herbert de Souza. E também é o nome de um acampamento de sem-terra que há por ali. Um dia eles cantaram o samba-enredo da Império Serrano, que acaba assim:

Amasse o que é ruim,
e a massa enfim vai se libertar.
Sirva um prato cheio de amor
pro Brasil se alimentar.
Eu me embalei pra te embalar,
no balancê, balancear,
vem na folia.
Chegou a hora de mudar,
o meu Império vem cobrar
democracia. •

• Trechos de *E verás que um filho teu não foge à luta*, samba-enredo de 1996 da escola de samba Império Serrano.

Posfácio

Este livro não foi escrito pelo Betinho, mas eu tentei escrever como acho que ele escreveria. E usei muitas frases reais, tiradas de suas entrevistas, depoimentos e livros.

Espero ter mostrado um pouco desse grande cara que foi o Betinho.

José Roberto Torero

Autor

José Roberto Torero nasceu em Santos, em 1963. Bacharel em Jornalismo e Letras pela Universidade de São Paulo (USP), recebeu o Prêmio Jabuti de melhor livro do ano em 1995 e é autor de cerca de cinquenta livros, metade para adultos, metade para crianças.

© Cristovão Tezza